AF363545

VENTE

Par suite de Liquidation Judiciaire

*De M. de V***, Bijoutier*

En vertu d'ordonnance de M. le Juge-Commissaire

BEAUX BIJOUX

Enrichis de Brillants, Perles, Émeraudes
Saphirs, Rubis

Pendentifs, Bagues, Broches, Sautoirs

Épingles de Cravates et de Chapeaux

Boutons de Manchettes et Parures de Chemises

PETIT COLLIER DE PERLES

Cravates de trois rangs de Perles

Ornements Platine et Brillants

ORFÈVRERIE

VENTE

HOTEL DROUOT, SALLE N° 3

LES LUNDI 8 ET MARDI 9 JUIN 1914

A 2 heures

COMMISSAIRE-PRISEUR

Mᵉ R. WALTHER, 3, Boulevard Sébastopol

EXPOSITION PUBLIQUE

Le Dimanche 7 Juin 1914, de 2 heures à 6 heures

CONDITIONS DE LA VENTE

Elle sera faite au comptant.

Les acquéreurs paieront *dix pour cent* en sus des enchères.

L'Exposition mettant le public à même de se rendre compte de l'état et de la nature des objets, aucune réclamation ne sera admise une fois l'adjudication prononcée.

ORDRE DES VACATIONS

Lundi 8 Juin 1914 . . . . 1 à 102

Mardi 9 Juin 1914 . . . . 103 à la fin

AVIS

L'ordre du Catalogue sera rigoureusement suivi.

Paris. — Imp. de l'Art, Ch. Berger, 41, rue de la Victoire.

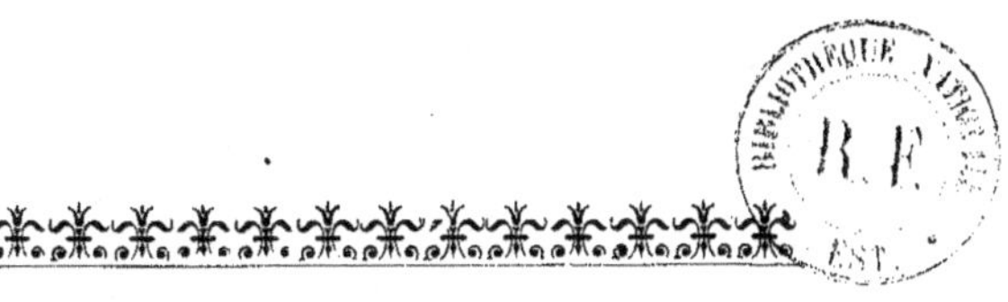

DÉSIGNATION

1 — Calendrier jeune fille.

2 — Boucle de ceinture : fleurs et têtes d'homme et de femme.

3 — Boucle de ceinture : fleurs, en argent.

4 — Bonbonnière en argent.

5 — Deux aumônières en argent et une bourse en argent.

6 — Aumônière : serpent.

7 — Boucle de ceinture, de *Le Gastelois*, en argent.

8 — Tasse et soucoupe en vermeil et timbale en vermeil.

9 — Garniture d'ombrelle en argent.

10 — Chapelet en argent.

11 — Manche d'ombrelle en argent.

12 — Monture d'éventail en écaille blonde.

13 — Deux peignes en corne et émail.

14 — Deux cachets en argent.

15 — Bonbonnière argent et émail rouge.

16 — Bonbonnière argent et émail bleu.

17 — Boîte à cachou argent et émail bleu.

18 — Boîte à cachou argent et émail bleu.

19 — Deux boutons de gilet et huit boutons de chemise divers en or.

20 — Paire de boutons de manchettes en or.

21 — Trois boutons de gilet en or.

22 — Paire de boutons de manchettes en or et argent.

23 — Deux paires de boutons de manchettes, monture or, opales du Mexique.

24 — Paire de boutons de manchettes, monture or, topaze et rose.

25 — Paire de boutons de manchettes en or. Art nouveau. 12 grammes.

26 — Paire de boutons de manchettes en or.

27 — Paire de boutons de manchettes en or et rose.

28 — Paire de boutons de manchettes en or et nacre.

29 — Deux paires de boutons de manchettes en or et saphir.

30 — Deux boutons de manchettes en or, saphir Australie.

31 — Deux boutons de gilet en or, un bouton de chemise et trois autres boutons de gilet en or et émail.

32 — Six boutons de gilet en or, nacre, émail, rubis.

33 — Parure de chemise en or, nacre, émail et rubis, composée de deux boutons de manchettes et trois boutons de chemises.

34 — Deux boutons de manches, quatre jades.

35 — Deux boutons lapin.

36 — Six boutons cornalines.

37 — Deux chaînes Régence.

38 — Petite chaîne de cou en or. 7 grammes.

39 — Deux boucles d'oreilles, monture or, opales, quatre petits brillants.

40 — Deux boutons d'oreilles en or, pendentifs en platine et brillants.

41 — Broche-nœud en platine, or et brillants.

42 — Broche-dentelle en platine, brillants et roses.

43 — Broche en platine, un brillant brun et brillants.

44 — Broche en platine, trois brillants bruns et brillants.

45 — Broche de nuque en platine et or, petits brillants.

46 — Petit collier de perles; fermoir or.

47 — Cravate à trois rangs, petites perles, ornements platine, brillants et roses.

48 — Cravate trois rangs, petites perles, ornements platine, brillants et roses.

49 — Epingle nourrice en or, une perle, deux roses.

5o — Epingle nourrice en platine, trois opales.

5 1 — Épingle nourrice or, trois boules opales.

52 — Broche-papillon en platine et or, rubis, brillant et roses.

53 — Broche en platine, brillants et roses.

54 — Broche-raquette en platine et or, perles, émeraudes et roses.

55 — Broche-cercle en platine et or, barrette rubis calibrés.

56 — Pendentif en platine et or, brillants, rubis, deux perles.

57 — Pendentif carré en platine, brillants, rubis calibrés et perles.

58 — Broche-hache en platine et or, rubis et émeraudes calibrés, et brillants triangles.

59 — Broche en platine et or, quatre barrettes croisées, brillants, rubis et émeraudes calibrés.

60 — Pendentif en platine, perles, roses, forme cœur.

61 — Deux boucles de souliers en or et saphirs.

62 — Boucle en or : gui. 25 grammes.

63 — Boucle en or Louis XVI. 18 grammes.

64 — Boucle en or, deux serpents, deux turquoises.

65 — Boucle en or, quatre nœuds. 12 grammes.

66 — Boucle en or, six croisillons roses.

67 — Porte-cigarette en or, un saphir. 80 grammes.

68 — Bourse en or; entourage en platine et rose. 24 grammes.

69 — Pendentif en or : *Plus qu'hier moins que demain.*

70 — Bloc-note en or.

71 — Croix du Mérite agricole, ciselée et roses.

72 — Briquet en or.

73 — Briquet en argent.

74 — Pique-cigare en or.

75 — Porte-crayon en or.

76 — Flacon à sels; bouchon en or et roses.

77 — Coulant de cravate en or ciselé, un rubis.

78 — Petite bourse en or. 7 grammes.

79 — Deux paquets porte-breloques.

80 — Brosse à moustache.

81 — Médaille en or, 1913.

82 — Quatre petites breloques en or.

83 — Quatre petites breloques en or.

84 — Quatre breloques cœur et une breloque boule.

85 — Trois breloques en or.

86 — Petite breloque en or biliken.

87 — Breloque croix en or et rubis et une breloque, treize platine et roses.

88 — Épingle à chapeau en or, boules, cercle perle.

89 — Épingle à chapeau en or, trois saphirs et roses.

90 — Épingle à chapeau en or, boule torse.

91 — Épingle à chapeau en or, boule, martelé.

92 — Épingle à chapeau en or, rondelle topaze.

93 — Épingle à chapeau en or : marguerite.

94 — Épingle à chapeau en or, opale poire.

95 — Épingle à chapeau en or fantaisie.

96 — Épingle à chapeau en or, torse.

97 — Épingle à chapeau en or, torse, turquoise.

98 — Épingle à chapeau en or, olive.

99 — Épingle à chapeau en or, turquoise.

100 — Épingle à chapeau en or, trèfle, une perle.

101 — Épingle à chapeau en or, pierre rouge.

102 — Trois épingles à chapeau en or. Art nouveau.

103 — Sautoir en corail.

104 — Sautoir en corail.

105 — Collier, douze rangs en corail, fermoir argent.

106 — Grand sautoir, boules opales.

107 — Sautoir en or et perles.

108 — Chaîne gentleman en or. 3o grammes.

109 — Bracelet esclave en or. 20 grammes.

110 — Sautoir en or, perles et turquoises.

111 — Bracelet en or, perles et turquoises.

112 — Bracelet en or, perles et turquoises.

113 — Bracelet en or, motifs émail : violettes.

114 — Bracelet en or, perles, motifs émail : violettes.

115 — Bracelet en or, six turquoises, sept petites perles.

116 — Épingle de cravate en or : lapin.

117 — Épingle de cravate en or, feuille et turquoise.

118 — Épingle de cravate en or et corail rose,

119 — Épingle de cravate en or, opale ; entourage roses.

120 — Épingle de cravate en or platine, opale boule.

121 — Épingle de cravate en platine, saphir.

122 — Épingle de cravate en or, saphir ; entourage roses.

123 — Épingle de cravate en or : oiseau, et émail.

124 — Épingle de cravate en or, une perle rose.

125 — Épingle de cravate en or, opale.

126 — Épingle de cravate en or, un saphir, huit brillants.

127 — Épingle de cravate, cravache en or et émeraudes calibrés.

128 — Épingle de cravate en or, un brillant brun.

129 — Épingle de cravate en or, rubis étoilé; entourage rubis.

130 — Épingle de cravate en or, quatre brillants et turquoises.

131 — Épingle de cravate en or, un brillant, deux perles et brillants.

132 — Épingle de cravate en or : fer à cheval, saphir.

133 — Épingle de cravate en or : fer à cheval, emeraude.

134 — Épingle de cravate en or, turquoise.

135 — Épingle en or : chimère, un brillant.

136 — Épingle de cravate en or, un brillant, motif roses.

137 — Épingle de cravate en or, émeraude, quatre brillants.

138 — Épingle de cravate en or, topaze.

139 — Pendentif en platine, perles; entourage rubis.

140 — Pendentif en platine, brillants, trois petites perles.

141 — Pendentif-chaîne en platine, trois brillants et turquoises.

142 — Pendentif en platine et or : panier, huit perles et roses.

143 — Pendentif en or, rubis calibrés, fleurs brillants.

144 — Pendentif en or, quatre brillants, deux perroquets opale.

145 — Petite chaîne de cou en platine.

146 — Petite chaîne de cou en platine, dix roses.

147 — Pendentif en or, serres d'aigle, émail et perles.

148 — Collier en platine, brillants et seize perles.

149 — Bague-marquise en or, opale et brillants.

150 — Bague en or, émeraude, deux brillants.

151 — Bague en or, rubis ; entourage brillants.

152 — Bague en or et platine, rubis ; double entourage brillants.

153 — Bague en or, émeraude ; entourage brillants.

154 — Bague en or, émeraude ; entourage brillants, coins saphirs.

155 — Bague en platine, cercle brillants.

156 — Bague en or, rubis ; entourage brillants et rubis calibrés.

157 — Bague en platine, trois rubis de forme ; entourage brillants.

158 — Bague en platine, un brillant navette ; entourage rubis calibrés et brillants.

159 — Bague en platine, saphir ; entourage brillants avec petits saphirs et brillants.

160 — Bague en or et platine, saphir ; entourage brillants.

161 — Bague en or, saphir ; entourage brillants.

162 — Bague en or, saphir ; double entourage brillants.

163 — Bague en or et platine, saphir ; double entourage brillants et roses.

164 — Bague en platine, saphir ; entourage brillants.

165 — Pendentif en platine, brillants et rubis, forme cœur.

166 — Broche en or, topaze brûlée, quatre brillants.

167 — Pendentif en or, quatre opales et brillants.

168 — Bague en platine, vingt perles, cinq brillants.

169 — Bague en platine, vingt-trois perles, cinq brillants.

170 — Six bagues en or, une turquoise.

171 — Bague serpent en or.

172 — Bague, deux turquoises, brillants et rose.

173 — Bague en or, trois opales, quatre brillants.

174 — Bague en or : miniature ; entourage roses.

175 — Bague marquise en or : chimère ciselée et hyacinthe.

176 — Bague-serpent en or, un rubis, un brillant.

177 — Bague en or, art nouveau, une perle, un brillant.

178 — Bague-marquise en or, opale ; ornement en platine.

179 — Bague en or : chimère ciselée, cabochon.

180 — Bague en or, sept rangs de pierres variées en losange.

181 — Bague-serpent en or, saphir et brillant.

182 — Trois bagues en or, une opale.

183 — Bague-marquise en or, rayons opales ; entourage de brillants.

184 — Bague en or, turquoise, deux brillants et rose.

185 — Bague en or : marguerite, une rose.

186 — Bague en platine, trente-deux brillants.

187 — Bague en or, cercle rubis et roses.

188 — Bague en or, cercle saphirs calibrés.

189 — Bague en or, opale ; entourage de rubis calibrés.

190 — Bague en or, une opale et roses.

191 — Bague chevalière en or, une turquoise.

192 — Bague en or, anneaux, et petite turquoise.

193 — Bague en or : miniature; entourage de roses.

194 — Bague en or : aigue marine; entourage de roses.

195 — Bague en or, deux fils roses et saphirs.

196 — Bague en or, art nouveau, pierre chrysoprase.

197 — Bague en or : fleurs, saphir et roses.

198 — Bague en or. Art nouveau.

199 — Broche de nuque en or et platine tout roses.

200 — Broche en or et platine, trois petites perles et roses.

201 — Broche en or et platine, huit perles et roses.

202 — Broche en or : chauve-souris, saphirs et roses.

203 — Broche-cheval en or et roses.

204 — Broche-barrette en or, huit perles.

205 — Broche-barrette en or, six perles.

206 — Broche-barrette en or : fer à cheval, saphirs.

207 — Broche-chimère en or, un diamant, une perle.

208 — Broche en or, ciselée : anémone.

209 — Broche en or, opale et roses, feuillage ciselé. Art nouveau.

210 — Broche en or, ciselée, opale.

211 — Broche en or, grenat ; entourage roses.

212 — Broche en or : chien.

213 — Broche nourrice en or, cabochon.

214 — Broche en or : miniature.

215 — Un lot pierres de couleurs.

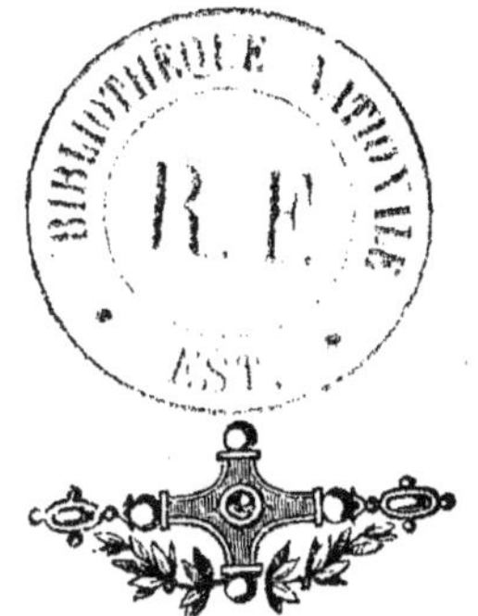